AF424743

DEDICATORIA

*A mis únicos y leales amigos, a mis hijos de 4 patas a
ti Rodina, Julieta, y a ti también mi tremendo Lázaro,
siempre los llevare en mi corazon.*

CONTENIDO

PROLOGO

Este es un libro de mis vivencia con los único amigos fieles que he tenido en la vida que son mis mascotas mis hijos mis amigos de 4 patas ellos me han hecho reír y llorar en algunas ocasiones al partir han dejado un profundo vacio comparable al que deja un ser amado cuando muere

Rodina, Julieta, y Lázaro, fueron parte importante en mi vida en el tiempo que compartieron conmigo para mí son seres inolvidables y espero que algún día por esas suerte del destino nos volvamos a ver en el otro lado, este contenido lo elabore para ayudar a otros dueños de mascotas a comprender lo que ellos representan en nuestras vidas. Desde ya de lo que se de en ventas por este material hare aporte a fundaciones al servicio y rescate de peros y gatos de las calles de mi país de antemano querido lector

gracias.

MI AMIGO LAZARO UNA AMISTAD VERDADERA

Autor:
JUAN CARLOS CELTA TORRES

CAPITULO I

NACIMIENTO DE LAZARO.

El nacimiento de Lazar fue un día lluvioso del mes de Marzo para ser exactos fue un 26 de ese mes, y lo conocí un día 26 de Junio de ese mismo año, yo en ese tiempo por no conseguir un empleo acorde a mi profesión me toco ser pregonero o repartidor de periódicos aquí la situación laboral es deprimente, tenía que pagar las cuentas y no podía quedarme en casa acostado en una cama viendo el techo de mi habitación. Como todos los dias Salí a las 3.45 am al sitio donde me tocaba recoger el periódico y de allí me iría a vender los diarios a otro sitio, recuerdo que trabaja para un periódico llamado el tiempo que era el que mejor pagaba en ese entonces, ese día me fue muy bien y habia terminado temprano, cuando fui a vender el ultimo periódico el cliente me dijo que tenía una caja llena de cachorritos muy lindos que si no quería tomar uno, recuerdo que me dijo estas palabras ¿no quieres conocer a tu nuevo amigo?.

Yo ya habia tenido amigos de cuatro patas y sabia los fieles que son, le dije dejame ver y allí estaba lázaro recién destetado, su papa era un can criollo y su madre era una Pit Bull así era lázaro de cachorrito era muy tímido y muy asustadizo sus nervios los reflejaba, porque se hacía pipi en todos lados

debido a esto fuimos a muchos veterinarios y me enseñaron de que mi amigo lázaro no habia sido destetado correctamente aquí quiero dejarles unas recomendaciones para que puedan destetar a su canino sin ningún tipo de traumas, nuestro veterinario nos comento en esa ocasión que "El destete del

perro" es el paso gradual de su alimentación con leche materna a la comida de cachorro. Esta etapa de la vida canina comienza sobre las tres semanas de edad y debe prolongarse hasta las ocho semanas, para que el animal crezca fuerte y se convierta en un perro adulto sano y equilibrado. A mi amigo me lo entregaron un 24 de junio de ese mismo año es decir que no tenía las 8 semanas del destete por consecuencia tampoco se le preparo la papilla, que no es más que la misma comida para perros pero muy bien diluida en agua o leche, también se podría utilizar alguna clase de yogurt, pero todo esto nunca se le hizo a mi amigo así que tuve que empezar a lidiar con todas estas carencias que mi amiguito tenia desde su nacimiento convirtiéndome sin saberlo en su mama, el que tu cachorrito y tu cumplan con la etapa de destete es muy importante para el resto de su vida adulta eso hará que tu mascota sea en un futuro un animalito fuerte sano y seguro de sí mismo. Cuando destetes a tu mascota tienes que combinar en las 8 semanas comida dura en papilla y la teta de su madre además trata de que tenga contacto con otros cachorritos desde muy pequeños recuerda que los canes son animales de manadas y eso los ayuda mucho en su estabilidad emocional en su adultez morderán menos y te harán mas caso cuando le des una orden a demás haces que tu mascota se desarrolle mucho más inteligente

CAPITULO II

EL COMPORTAMIENTO DE LAZARO

Lázaro como ya lo habia mencionado anteriormente tenía un comportamiento, muy miedoso se parecía a SCOOBY DOO de todo tenía miedo, sabía que eso me causaría problemas con él en su adultez, así que me informe muy bien de cómo sacar a mi querido amigo Lázaro de su miedo, tome la decisión de sacarlo a pasear con una correa muy larga para eso me fui a una tienda náutica y compre 10 mts de brida este es una cuerda muy resistente que usan los marinero y como sabía que iba a tener que sacar a Lázaro a pasear la compre y así me ahorraría en correas rotas por la fuerza de mi amigo al jalar de mi, tambіén le compre un collar de metal que fuera muy resistente sabia que lázaro crecería muy grande debido a sus padres una Pit Bull Y un Criollo. Empezamos a pasear y al principio me costó mucho sacarlo de la casa porque le daba mucho miedo de salir del umbral de la puerta, pero poco a poco y con premios como comida empezó a tener confianza y salir de la casa, luego era todo lo contrario no podía hacer que entrara en la casa porque siempre quería pasear , paseábamos mucho quizás una 6 veces por día, por mi estaba bien ya que así hacia sus necesidades en la calle y no dentro de la casa, se preguntaran como enseñe a Lázaro a hacer de las dos cosa en orden mientras aprendía a salir a la calle , bueno utilizaba mucho periódico, al principio solo esperaba que el hiciera pis o po en el lugar de su preferencia y luego colocaba un periódico y así fui relacionando el olor del periódico a sus necesidades, luego lo premiaba con una salchicha o una galleta para perros luego note que no hacía de ninguna de las dos necesidades sino cuando tenía el periódico puesto, con el tiempo ubique el periódico en el sitio donde yo quería que hiciera sus necesidades, era muy curioso y se metía en los lugares menos pensados en mi casa

Solía quedarse muy quieto en presencia de mi mama, ella a veces lo intimidaba pero en el buen sentido de la palabra Lázaro conto con todas las carencias que tuvo con un incondicional amor de mi parte de de los que lo conocieron, fue un perro muy, pero muy inteligente y sabia  como hacer sus travesuras y a quien se las hacía.

Recuerdo que mordió los cables de mi computadora y tuve que reemplazarlos todos otra persona habría perdido la paciencia pero yo solo cambie los cables y enseñe que no debía morderlos más para eso utilice mantequilla, los perros no soportan la grasa en su hocico se sienten muy incómodos, es como si les dieras a comer goma de mascar.

Socialización de Lázaro. Para que tu mascota tenga una excelente socialización yo te recomendaría que lo pusieras desde el mismo momento del nacimiento con otros canes, y si son adultos y están socializados mucho mejor el perro aprenderá de estos todo lo referente al comportamiento y a las jerarquías en la manada, aprenderá mucho respeto por los líderes de la manada, esto lo hice con una amiga muy fiel y leal que recuerdo y extraño mucho mi amada amiga Julieta, Julieta era una Doberman cruza con Gran Danés, su padre era un gran Danés y su madre era una Doberman, para este momento no tengo una foto de ella era un animal hermoso un ejemplar único en su especie infundía mucho respeto pero era muy dulce y tierna y tenía un sentido maternal único ella pensaba que yo era su hijo y me cuidaba como tal tanto fue así que hasta en una ocasión me salvo la vida les voy a contar esta corta historia yo vivía en otra localidad muy diferente a la que en hoy vivo y yo la sacaba a pasear luego de que llegaba de la universidad a ella la habia entrenado para que hiciera sus necesidades en un lugar especifico igual como hice con lázaro, bueno yo todos los dias le dejaba su juguete preferido y suficiente comida en un sitio que ya ella conocía muy bien, y me iba para mi universidad al principio desarrollo estrés por abandono hasta que le conseguí un compañero que era un Yorksei Terrie con el cual jugaba y se entretenía hasta que yo llegaba, por lo general las mascotas si se sientes solas desarrollan estrés por abandono creen que porque tú te vas los estas abandonando y se frustran, llegando a romper cosas en su desesperación y a veces hasta hacerse daño ellos mismos, bueno Julieta no tenía ese problema, contaba con su amigo Spaenky , pero yo al llegar en la noche sabía que tenía que llegar a limpiar todo lo que habían hecho en el día y tenía que sacarlos a pasear el sábado y domingo era otra situación muy diferente los compensaba con todo lo que sabía que les gustaba, la noche en cuestión Salí como todas tenias un viejo estadium de beisbol en el cual corría todo lo que quería y jugaba mucho se desquitaba, pero para llegar y salir del estado habia que pasar por una calle con muy poco alumbrado eléctrico esa noche salimos del estadio como a las diez de la noche y recuerdo que nos encontramos con un automóvil modelo sephir de el año 1970 u 1980 de un taxista era un señor ya mayor el señor dice que no nos vio y siguió la que si se dio cuenta fue mi amada y recordada Julieta quien se interpuso en mi camino y me quito de en medio de la ruta del taxista quedando ella en el medio y fue a ella la que el taxista atropello fracturándole una pata ella desesperada por el dolor rompió la correa que llevaba y se me desapareció en medio de la noche, la busque por todas las calles y no la encontré ya cansado de buscar y de madrugada resolví irme del sitio porque sabía que allí no la iba a encontrar, me sentí derrotado, triste, furioso que hasta golpee al taxista por su imprudencia, ya caminando de regreso sin más que hacer, ya subiendo las escaleras de mi edificio escuchaba a lo lejos los lamentos de un animal herido corrí todo lo que pude y subí esas escaleras lo más rápido posible y al llegar a mi piso me di cuenta que era mi Amada niña Julieta estaba echada en la puerta del departamento como pidiendo ayuda como pude la levante y le entablille la pata despues de limpiar su sangre, para se utiliza dos tablas de madera, pero en mi caso no tenia las dos tablas y tenía que improvisar tome dos guías de una materia que no me gustaba en la universidad las enrolle e hice las dos varas que necesitaba para mantener firme inmóvil y estable la parra de Julieta eso sería como a las 4 de la mañana, espere a que fueran las 8 para ir con el veterinario que tenía en esa localidad y a quien le habia comprado a Julieta, él le aplico un calmante y la reviso, para fortuna mía y de ella no tenia fractura solo luxación del hueso por lo que le puso un yeso por 3 semanas se imaginaran a un Doberman con gran Danés Julieta media como 1.50 en cuatro patas parecía caballo de lo grande que era, y ahora yo tenía que ayudarla a ir al baño ayudarla a comer y tenía que dormirla, arrullándola como si fuera una bebe esa fue una etapa de nuestras vidas juntos muy difíciles, ella siempre quedo padeciendo de esa pata y cuando hacía mucho frio se quejaba yo bromeaba con ella diciéndole que parecía una vieja reumática, ella fue para mí una bendición cuando yo la conocí yo lo que estaba buscando en esa veterinaria era comida para mascotas y ella estaba allí con 12 semanas estaba ya destetada y tenía sus vacunas, ella me vio con esos ojitos de cachorrito y yo la vi y por 2500 bolívares la compre todos bromeaban de que parecía una rata porque su aspecto de orejona y delgada parecía todo menos una Doberman, Con el tiempo y antes del accidente que los dos tuvimos con el taxista ya le habia hecho la cirugía de orejas y de rabo para que luciera mas estética y mas Doberman, luego de un tiempo del accidente nos mudamos a la localidad donde hoy vivo, pasamos juntos muchos años mas yo la compre en el año 1993 y partió a la eternidad una mañana de junio del 2001 ya meses antes se le habia diagnosticado una parbovirosis, la cual nunca entendí porque ella siempre llevaba sus registros de vacunas al día quizás ese Veterinario me engaño , bueno eso nunca lo sabré con certeza, lo que si se es que nunca volví a encontrar una mascota igual con esa dulzura, quizás les resulte mala la comparación pero es que ni humanos me he encontrado con tal alma provista de amor y dulzura ese animal lo único que carecía era del habla, ni lázaro fue así, hoy en día extraño mucho a Julieta , mi otra amiga

Rodina y por su puesto a Lázaro, Rodina era una Bóxer también excelente animal, ella le enseño muchas cosas a Julieta como comer juntas del mismo tazón sin pelearse sin gruñir ella nos deja dos años despues de la partida de Julieta tenia osteoporosis.la socialización es fundamental para tener un perro sano mentalmente y si se tiene niños en la casa es ms que fundamental así el no se sentirá atacado por cualquier travesuras de los niños y no los morderá o atacara, yo he pensado que las razas de los peros no son las culpables, son los estereotipos de mucha gente que no ha tenido mascotas de diversas razas les cuenta que crie a una Doberman y a un yorksei Terrie y el pequeñito Terrier era más tremendo que la Doberman así que ya dejen de echarle la culpa al animal échenle la culpa al dueño si tienes una raza grande Doberman, gran Danés, Collie, Pastor Aleman, Belga, Pit Bull, entre otras razas grandes no puedes tenerlos encerrados en un departamento o casa ellos tienen que desarrollarse en espacios abiertos donde puedan sentir la libertad, te pregunto ¿a ti te gustaría que te encerraran? No a ellos tampoco les gusta a ellos les gusta tener amigos correr con ellos sentir el vientos al correr en sus caras sentirse libres un perro que está encerrado en un departamento sin importar la raza sentirá que ese es su territorio y lo defenderá hasta la muerte de quien sea hasta de sus propios amos, es candidato seguro a ser un perro agresivo y violento. Pero volviendo al caso de lázaro solo en tiempos de lluvia bajamos el ritmo de salidas a la calle no es bueno los tiempos de lluvia para tu mascota no por el agua sino porque las garrapatas están buscando donde esconderse de las lluvias y se aferrar entre los dedos de tu mascota en la calle, por eso lo sacaba antes de llover y cuando ya todo estaba más que seco el resto lo hacía en el periódico para que no sintiera el encierro jugábamos mucho en la casa hasta que lo cansaba y se quedaba dormido , esto lo puedes hacer con una media con una pelota dentro o con varias pelotas cosa que corra a buscarlas y se canse de tanto hacerlo la idea en ese tiempo que no lo puedas sacar es mantenerlo ocupado que no se sienta frustrado en casa

Lázaro era muy curioso con todo su entorno y eso s en cierto punto bueno ya que desarrolla su instinto de cazador y de explorador y también desarrolla su olfato canino.

Como anterior mente hacía referencia a que debíamos hacer que nuestra mascota en tiempo en los cuales no podemos ir a pasear con el debíamos mantenerlos ocupados hasta llegar a cansarlos aquí les dejo una foto de lázaro cansado de tanto jugar conmigo era muy divertido verlo detrás de sus pelotas de aquí para allá.

Su forma característica de dormir

CAPITULO III

CUANDO SALIA A TRABAJAR

Es muy normal que cuando uno sale a trabajar nuestra mascota sienta tristeza, imagínate se va su mejor amigo de la casa el que le da de comer y lo saca a pasear, se sentirá solo por un tiempo no determinado esto lo llaman los veterinarios Ansiedad por Separación, muchos veterinarios estiman que este trastorno lo sufren entre el 20 al 40 % de nuestros amigos de 4 patas. Mi veterinario me explico que los síntomas más representativos eran los siguientes:

Conductas destructivas en casa, cuando el perro se queda solo: la mascota busca vías de salida para ir a reencontrarse con el dueño con su amigo y protector en este proceso puede hacer muchos desastres en tu casa Lázaro se comía los cables de mi computadora y no es que pasaba todo el día fuera de casa solo desde las 3.30 am como hasta el medio día y aun así ahora cuando él me veía todo su aptitud cambiaba instantáneamente nunca destrozo ventanas aunque si deterioro bastante las puertas de manera de la casa, tampoco se lastimo o se hizo daño intencionalmente , no era tan tonto así.

Ladrar excesivamente y aullar: ladridos constantes, lloriqueos e incluso aullidos.

Hacer necesidades inapropiadas: el perro orina y defeca dentro de la vivienda, incluso cuando se le ha dado oportunidad de hacer sus necesidades en la calle. Normalmente las heces son blandas y tienen aspecto de diarrea.

Anorexia: aunque mi veterinario me hablo de que el perro no come en ausencia del propietario, lázaro sería capaz de comerse a toda la planta procesadora de comida para perros de la zona donde vivo, aunque lázaro nunca perdió el apetito mi veterinario me comento que la anorexia es otro síntoma visible.

Salivación excesiva ó Hipersalivación: debido a la ansiedad, el animal babea de forma excesiva y, algunas veces, cuando el propietario regresa puede llegar a encontrar charcos de saliva en el suelo del hogar, este tampoco fue ni el caso de Lázaro ni de Julieta

Sudoración: algunos propietarios describen marcas del sudor de las patas repartidas por toda la casa o cerca de las vías de salida como puertas y ventanas.

Hiperventilación: jadeo constante.

Síntomas gastrointestinales: diarreas o vómitos.

Actividad motora alterada: movimientos repetitivos, en círculos o sobre un mismo recorrido.

Automutilación. En esta etapa de su ansiedad tienden a morderse ellos mismo y logran herirse con su propia mordedura es una etapa muy peligrosa para tu amigo y sobre todo para ti porque es cuando ya no te respetan como el líder de la manada y te muerden a ti también.

Lamido excesivo. Es una etapa muy parecida a la de la automutilación porque se lamen de una forma tan fuerte que se arrancan el pelo y parte de la piel precede en muchos casos a la de automutilación.

Las causas de la ansiedad por separación siguen sin estar claramente establecidas, pero para mí es más que claro que un animal que depende de ti va a sentir alguna clase de apego contigo se va a crear un vinculo muy especial que él no quiere que se rompa, nunca llegaremos a ver un perro que se canse de su amo pero si veremos amos que se cansen de sus perros que los echan a la calle cuando ya no los quieren o cuando ya les representa una carga para ellos, para ellos nosotros somos la representación de la protección y del alimento eso sin contar la compañía constante. Por ejemplo Lázaro y yo dormíamos en el mismo cuarto el debajo de donde yo dormía

A veces cuando me levantaba en la noche por accidente le pisaba la cola el levantaba la cabeza como diciéndome me pisaste la cola y volvía a dormirse.

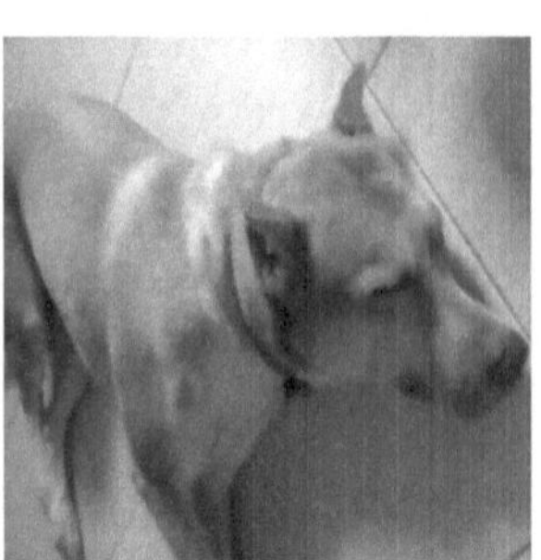

Pero mi veterinario y yo conociendo las necesidades de mi perro y observándolo, porque aunque parece una cosa insignificante nosotros no estamos prestando atención en los detalles, de ninguna situación que se nos presenta en la vida y no podemos adelantarnos a dar respuestas asertivas en muchos de los aspectos de nuestras vidas, yo le puso más observación a mi perro y se me ocurrió que estos detalles se podrian arreglar haciendo lo siguiente: unos dicen que hay que contratar un terapista en conducta canina etólogo clínico y un educador canino pero estas ramas se han creado de la observación de estos animales y yo me pregunto ¿por qué no hacer lo mismo porque no prestar más atención a la conducta de tu amigo incondicional?.

Yo propondría mantener ocupada la mente de la mascota y desafiarla constantemente, estimularlo física y mentalmente eso hará que el animal se canse y baje el nivel de ansiedad que tiene.

Cuando empecemos a separarnos del animal no hacerlo de un solo golpe sino irlo acostumbrando hacerlo de manera gradual, para que se adapte a la separación y no le afecte para nada, irle mostrando al animal que tu salida de la casa es segura para el que él está a salvo.

Trucos muy buenos para eso es dejarle una camisa con tu olor o tu sudor para que te perciba en la casa, otro truco es colocarle un paño mojado con esencia u olor a lavanda porque eso los relaja mucho y los tranquiliza. Yo los utilizaba con mi amigo Lázaro

CAPITULO IV

DONDE Y PORQUE DORMIA LAZARO

Lázaro dormía en mi habitación, porque para él representaba estar seguro y porque a mí también me gustaba dormir con el siempre cuando podíamos andábamos para arriba y para abajo siempre juntos, yo no sé porque hay personas que puede desligarse deshacerse de sus amigos de 4 patas sin tener el menor remordimiento.

La primera razón de que Lázaro durmiera en mi habitación era que el contacto con el disminuía mi ansiedad.

Al acariciarlo me reducía la presión arterial y mi estrés del día a día, Al interactuar con nuestro perro disminuía los niveles de cortisol, en mi sangre que provocaban en ese momento el estrés, y aumentaban en mi sangre los niveles de la oxitócica, que es la hormona asociada a la confianza, y me hacía sentir mucho mejor. En las noches frías era mejor que una manta caliente.

Cuando tenía a Rodina y a Julieta, yo tenía una rutina muy simpática con ellas, que a ellas les fascinaba los fines de semana como los tenia libre de trabajo y como soy fanático del cine yo me acostaba en el suelo rodeado de ellas y colocaba mi cabeza en los muslos posteriores de Julieta que se echaba como para que yo me recostara de ella, luego cuando se cansaba tomaba el puesto Rodina y así pasábamos horas viendo los tres la tele eran unos bonitos dias los que pase con ellas fueron mis más queridas amigas y confidentes todos los problemas que tenia se los contaba a ellas y aunque yo sabía que no me iban a dar un consejo, porque si lo hubieran hecho hubiese sido algo sorprendente y único, si sentía que al menos me ponían atención cuando les contaba mis cosas y eso era más que suficiente para mí. Es una terapia muy positiva para ambas partes el compartir con tu mascota los momentos tristes y alegres ellos aunque no hablen te confortan mucho y sientes tu dolor o tu angustia.

Cuando mi padre murió ya hace 4 años Lázaro me ayudo mucho a lidiar con el dolor y la ausencia de mi padre, era como que si estuviera pendiente de mi en cada momento a veces me asustaba porque cuando dormía él se sentaba a mi lado como a vigilarme si dormía bien o no, Julieta, Rodina, y Lázaro fueron seres en mi vida inolvidables, jamás los olvidaría ni aun sufriendo Alzheimer.

CAPITULO V

ADAPTACION

Si tu amiguito de 4 patas no nació en tu casa te recomiendo que intentes estas acciones para que tu can se vaya adaptando al entorno recuerda que le es algo extraño, por muchos factores como los sonidos, los olores, y todo lo que ve que le es nuevo a su alrededor se puede sentir agobiado por todo esto, y podría desarrollar algún tipo de ansiedad o miedo al entorno que lo rodea, yo te recomiendo lo siguiente:

Antes de entrare en tu casa dale una vuelta por la manzana o el sitio donde vivas eso hará que vaya relacionándose con su entrono a nivel de los sentidos, olfato tacto, y oído, este paseo procura que sea lo más largo posible quizás de una hora pero hazlo de forma lenta para que tenga tiempo de procesar todo lo que le rodea, así no se sentaría asustado o presionado, de allí en adelante los paseo tendrán que ser largo para que desarrolle su nivel esquelético y muscular sácalo a pasear con un disco volador de esos que utilizan para la plata o cómprale muchas pelotas de tenis y le vas arrojando una por una cada vez más lejos una de la otra así ira desarrollando su inteligencia a media que vaya conociendo la dinámica del juego los peros son unas de las especies animales más inteligentes del planeta tierra con la que podemos interactuar sin ningún inconveniente, yo tuve la oportunidad de entrenar muy bien a mis perros por ejemplo le enseñe abrir la puerta de mi casa a Julieta para que ella abriera la misma cuando yo llegaba a la casa así ella no se estresaba, lázaro también lo aprendió hacer, al igual que Rodina a unos les costó más tiempo que a otros pero la final todos comprendieron lo que se esperaba de ellos y es que a todos los perros les gusta jugar y mientras el entrenamiento lo vean como un juego tu podrás hacer cualquier cosa con tu amigo de 4 patas y él lo hará con todo gusto, porque para él lo más importante eres tú y el complacerte es su más aferrada misión tu can daría la vida por ti ¿lo sabías?. Muchos caninos que se desempeñan como oficiales de policía dan su vida por su compañero en realidad es su amigo y ellos sienten que tienen que protegerlos, de hecho mucho del mal comportamiento de las mascotas se debe a que su amos reflejan energías de niveles muy bajos y ellos tienen que asumir el mando de la manada recuerda que ellos son animales de manadas y te ven como a uno de su manada así que cuando un amo refleja una energía que no corresponde al macho alfa ellos inmediatamente asumen ese papel para proteger a su manada, por eso cuando vamos al parque nos encontramos que nuestros perros atacan a otros sin razón aparentes debido a esto mismo sienten que te tienen que proteger y actúan en consecuencia.

CAPITULO VI

EL MEJOR AMIGO DEL HOMBRE

Sé que esta frase ya la abra escuchado con anterioridad y se preguntaran ¿Por qué el perro es el mejor amigo del hombre? Le diré porque.

¿Alguna vez un amigo suyo humano arriesgo su vida para protegerlo de ser atropellado por un automóvil? Yo no he tenido esa fortuna de que un ser humano lo haya hecho, pero si lo hizo mi amiga y amada Julieta, y eso no es todo, también Lázaro me salvo la vida una vez les cuento a continuación como fue esa experiencia.

Un día normal como siempre saque a pasear a mi amigo Lázaro por el sector donde vivo, todo normal a veces yo iba delante de él y el atrás como tiene que ser y a veces le permitía ir explorando adelante cuando yo no conocía el terreno, pero en esta ocasión el iba detrás de mí, luego les explicare el porqué se recomienda que tu can en los paseos vaya detrás de ti, pero ahora déjeme contarle lo que acontecó, con el tiempo yo deje que lázaro saliera de mi casa sin correa, también les explicare por qué y cómo hacerlo más adelante resulta que íbamos de lo más tranquilos y de repente siento que detrás de mí se me acerca una persona pero no me dio tiempo de reaccionar y me saco un arma y me apunto por la espalda su intención era robarme secuestrarme o en su defecto matarme allí mismo luego de robarme, eso es muy recurrente en donde vivo, lo que este secuestrador no contaba era que lázaro habia sido entrenado por mí para que nadie en la calle se me acercara mucho solo las personas que él conocía como mi familia, porque lo entrene así por razones obvias.

Lázaro al ver lo que estaba sucediendo reacción de acuerdo al entrenamiento recibido y ataco al agresor sin contemplación y sin vacilar arriesgando la vida por mi se lanzo a la espalda del sujeto y lo mordió al cuello inutilizándolo por completo, yo no lo quise entrenar para que atacara a los brazos porque el atacante puede cambiar su arma de brazo y disparar al animal, y cuando te atacan así con fuerza letal tienes que responder en igual proporción, lázaro inutilizo a mi atacante inmediatamente yo le dije al sujeto que se tirara al piso y se quedara tranquilo que él no apretaría el hocicó a menos que le diera la orden de apretar el sujeto obedeció y soltó el arma y se quedo como muerto en el piso llamamos a la policía y se lo llevo, luego querían quitarme a lázaro para que fuera oficial de policía a lo cual me negué por completo si la policía quería perros adiestrados que pagaran por ellos no les iba a ceder a mi mejor amigo, y les digo si ud trata con cariño a su mascota y lo educa ud tendrá el mejor tesoro de su vida entre sus manos.

CAPITULO VII

PASEOS SIN CORREA.

Como me refería en el capitulo anterior cuando les dije que les contaría porque lázaro salía sin cadena o correa es muy simple una vez se me soltó de las manos y se escapo le gustaba mucho perseguir gatos callejeros solo los asustaba para que se subieran a los arboles del alrededor buena una vez se me escapo y me asuste mucho recorrí todo el sector de donde vivíamos y no aparecía por ningún lado, ya cansado y derrotado porque sentía que lázaro no volvería, mayor sorpresa que cuando voy llegando a la casa el niño estaba con una sonrisa esperándome en la puerta como diciéndome te tardaste mucho abre que tengo sed.

Desde ese día le di toda mi confianza para que andará en la calle sin correa solo lo agarraba para el cruce de los automóviles y es que donde vivo se llevan a los peatones por delante mucho más rápido a los perros, los conductores no tiene piedad con nadie, ahora porque el perro tiene que ir detrás de su amo es simple ud es el macho alpha de la manada y no puede ir detrás de su perro y él lo tiene que ver de esa manera así se ganara su confianza y respeto de otra manera nunca lo respetara y adoptara la posición de macho alpha y ud no tendrá el control de su perro y nunca disfrutara de su compañía como tiene que ser.

Al llegar al nivel de confianza de sacar a su mascota sin cadena o correa es un paso muy, pero muy importante en la relación con su can ud le ha dado su confianza absoluta y el sabrá retribuirle esa confianza depositada por ud, recuerde que su perro es un animal que siempre ha sido salvaje y que en la era de las cavernas al ser domesticado se creó ese vinculo especial hombre-lobo y ahora el binomio hombre-perro en aquellos día el hombre proporciono las sobras de su comida y el lobo le proporciono protección y apoyo en la cacería al los hombre, de allí la relación simbiótica que tenemos hoy en día, como paso en el caso de una señora en el Canada que se perdió en el bosque y no tenia ropa térmica sino a sus dos perro los cuales se juntaron en torno a su ama y le proporcionaron calor, o el caso de los aeropuertos en los estados unidos donde los perros sirven de relajante a las personas que sufren de miedo a volar, o de los enfermos terminales que sienten alivio cuando los perros de terapia los visitan , como sea el caso los perros y los humanos hemos desarrollado una relación simbiótica que se ha incrustado en nuestros ADN siendo esta una relación muy fuerte, pero como en todo siempre hay sus excepciones y es que algunos dueños de mascotas no se merecen los canes que tienen, y los abandonan porque se orinan mucho en la alfombra o en el Xbox, sin saber si su mascota sufre de alguna infección en el tracto urinario u otra cosa, por el estilo, Lázaro y yo hemos tenido un sin fin de aventuras juntos le doy gracias a Dios que lo puso en mi camino, lázaro alejaba a los ladrones de casa de mi sector, no permitía que nadie se me acercara en la calle sobretodo gente extraña, y cosas así por el estilo.

CAPITULO VIII

EL CUIDADO DE TU MASCOTA

Todos los seres vivo necesitan de sus dueños para sentirse bien esa es una regla principal en toda relación entre humanos y animales ningún animal se siente bien con el rechazo de su amo.

Pero ese no es solo el cuidado que necesita las mascotas, también necesitan de sus medicamentos al igual que nosotros ellos también los aqueja una serie de enfermedades y virus que si no los cuidamos a tiempo pueden por terminar con la vida de nuestra mascotas, en mi caso Lázaro tuvo una gran cantidad de enfermedades debido a que no fue destetado como se debe, no recibió del calostro de la madre que es la fuente principal de anticuerpos que necesita todo ser humano y lo obtenemos de la leche materna, su primera enfermedad fue una infección en el pene que le ocasionaba dificultades para orinar, tenía que untarle una crema en su parte intima para que cediera la infección, era muy pero muy complicado, la segunda enfermedad fue una alergia que le dio y que lo inflamo todo por dentro a raíz de la picadura de un mosquito en el rostro de lázaro, estaba más que claro que era alérgico y tenía que tener mucho más cuidado con él por esta razón tenía que tomar otro tipo de medidas con su comida, la cual tenía que ser muy bien procesada para poder ingerirla él, el cuidado con lázaro cambio mucho pero sin sobreprotegerlo ya que se daría cuenta y eso podría arruinar la relación que estábamos llevando entre los dos.

A Lázaro le hice una operación estética en sus orejas pero más que estética también sirve para que tu mascota no sufra tanto de otitis por lo largo de sus orejas. Como el caso de los Foxhound americano e inglés el Braco Italiano entre otras muchas razas de orejas largas

Aquí ya lázaro estaba recuperado de sus orejas ya la operación habia quedado atrás y el hacia su vida normal sin ningún trauma y es que este tipo de operaciones no les afecta en lo más mínimo

CAPITULO IX

LAS VACUNAS DE TU AMIGO

E ste era el plan de vacunación de Lázaro para su primer año de vida.

La primera vez que Lázaro fue al veterinario fue muy cómico porque era como que si sabía que lo iban a vacunar y no se dejaba lloraba mucho y cuando el veterinario lo vacuno, no sé que le paso pero tuvo un momento de excitación canina y su pene se puso erecto y el doctor no pudo contener la risa por el reflejo involuntario de Lázaro. Todos esos momentos siempre quedaran en mi memoria y quiero compartirlo con 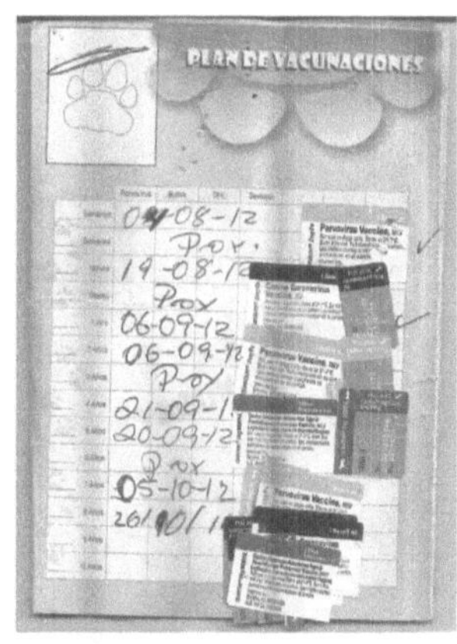 aquellas personas que lean este libro porque quiero transmitirles lo bonito de la relación que algunas personas tenemos con nuestras mascotas como nos hacen sentir en cada momento de nuestras vidas y solo lo que nos piden a cambio es cuidado amor y un plato de comida, a ellos no les importa si eres rico o pobre si tienes una gran mansión o una cosa modesta, si eres blanco o negro si eres guapo o feo, no les importa si hueles mal en ese momento siempre que tu llegues a tu casa el te va a recibir moviendo la colita, en señal de alegría porque tu estas allí para él y eso nuestros amigos de 4 patas lo valoran más que su propia vida.

Por eso es muy importante que lo protejas como yo hice con mis cachorros en su debido momento, una vacuna es mucho más barata que un tratamiento por cualquier otra enfermedad que pueda contraer tu amiguito y así le garantizas muchos años más de vida juntos, si él pudiera hablar seguro que te lo agradecería.

Hay mucha gente que no hace esto y despues tratan muy mal a sus mascotas cuando estas enferman echándoles la culpa de lo que les pasa, yo te recomiendo la vacunación y lo que describiré en el próximo capitulo.

CAPITULO X

LA CASTRACION DE LAZARO

Cuando tuve el percance con el secuestrador muchos querían comprarme a lázaro, me decían véndemelo dime tu precio y yo no les hacía caso les respondía "tu venderías a un hijo tuyo". Porque así sentía a lázaro como mi hijo como sentiría si tuviera un hijo especial, no sé si me di a entender, en fin lo importante es que luego que muchos se dieron cuenta que no vendería , ni regalaría a mi amigo, a mi hijo y sé que muchos entrenadores dicen que es malo antropormizar a los animales pero cuando te entiendes muy bien con tu mascota en todos los niveles de la relación es mejor que muchas personas a las cuales trate en algún momento de la vida es preferible hacerlo aunque digan es que un error, continuando con el relato estas mismas persona luego querían que les vendiera los hijo que tuviera Lázaro y lo cruzaba con otra mascota, aunque nunca fue mi intención si le busque novia a mi amigo ya que él en muchas ocasiones me consiguió novia a mí, y si no me cree haga la prueba saque a pasear a su mascota bien cuidada a un parque donde se reúnan chicas y vera como se le acercan para conocer a su mascota en ese momento es cuando ud aprovecha la ocasión y conoce chicas así conocí muchas con lázaro con unas Salí otras se volvieron con el tiempo en bonitas amistades eso lo determino la misma dinámica de las relaciones sociales lo único que nunca me falto despues es quien me acompañara a salir al parque a pasear a Lázaro , me llamaban por teléfono para salir los tres al parque, así que si es tímido adopte una mascota cuídela muy bien y tendrá un gancho un amigo fiel que le presentara chicas para salir a donde ud quiera.

Bien para seguir con mi relato buscamos novia para lázaro puse un aviso en los periódicos y en las clínicas veterinarias quería que él tuviera su propia familia que supiera lo que es ser papa, eso nos tomo tres años y nadie apareció, luego el veterinario y yo llegamos a la conclusión que debíamos esterilizarlo o como muchos llaman la castración, este fue un proceso quirúrgico bastante sencillo una anestesia general y luego extirpan los testículos Uds. se preguntaran ¿porque lo hiciste?

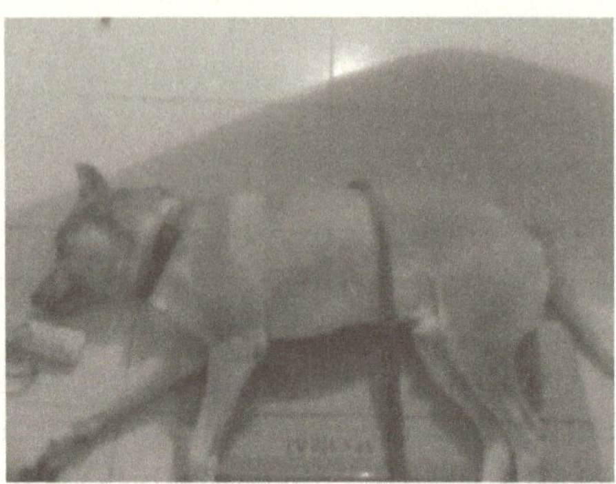

 Les explico porque
Disminuye la aparición de la hiperplasia prostática o prostatitis y cancer de protata.
Previene la aparición de tumores cerca del ano del animal y de los testículos del mismo.
Reduce hasta en porcentajes muy altos los casos de escapadas ya que pierden el interés sexual de montar a las hembras, y de marcar su territorio en un alto porcentaje. las montas a objetos y a personas desaparecen con el tiempo . Evita otros males o enfermedades como:
Neoplasia escrotal, Herniorragia inguinoescrotales, Uretosnomia escrotal, tambien Controla de la epilepsia y enfermedades endocrinas en los que el animal la padece, por esas tantas razones y ya que lázaro no sería padre, es decir no tendria descendencia, decidí por la castración o esterilización de mi amigo.
Aquí estaba el recuperándose de la operación sobretodo de la anestesia. El no solía dormir así lo deje por su comodidad no quería estropearlo más de lo debido ya que me imagine en ese momento que todo eso fue muy traumático para él pero fue lo mejor.

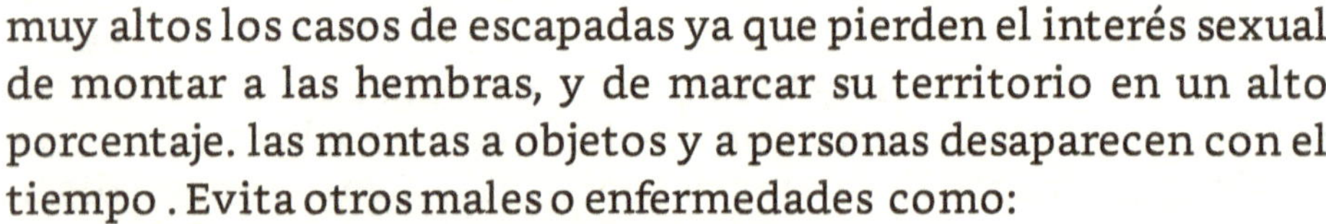

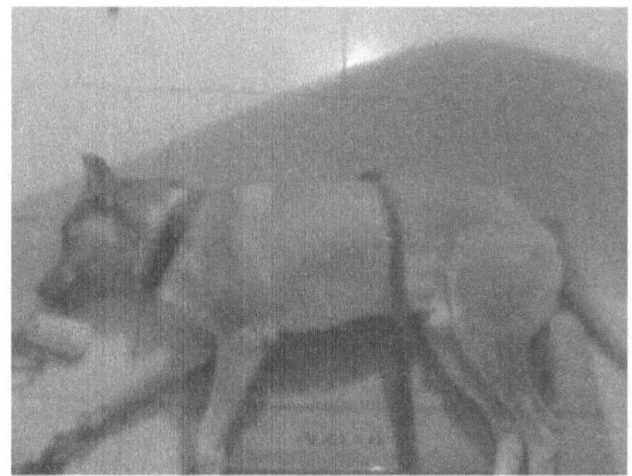

CAPITULO XI

LA ALIMENTACIÓN DE TU MASCOTA.

Siempre ubica su sitio de alimentación en el mismo lugar el sabrá que allí es que va a alimentarse y no en cualquier parte de la casa nunca comas antes que el porqué como él pertenece a tu manada y no al revés tu eres el macho alpha y los machos alphas comen primero, esto que no te estrese ni mucho menos tu comes y luego le das de comer a tu amigo siempre en el mismo lugar y si te es posible a la misma hora.

Lo que no debe comer tu amigo por ser dañino son los siguientes alimentos:

Chocolate en cualquiera de sus presentaciones para ellos es como que si le dieras a un humano de comer cianuro es letal  para tu mascota hoy en día muchas compañías chocolateras han sacado una línea especial para canes y es que el chocolate tiene una teobromina, un compuesto químico alcaloide que produce placer en los humanos, pero pone en riesgo a otras especies.

Los perros, al no poder digerir el chocolate rápidamente están en riesgo, porque la teobromina aumenta los niveles de monofosfato de adenosina cíclico, que provoca contracciones musculares, y la muerte del animal en pocos minutos, por ningun motivo es recomendable darles chocolate de nungun tipo a tu perro en algunas casas o ventas de comida para mascotas venden un tipo especial de chocolate que no contiene este compuesto natural que trae el chocolate y es que causante de que los musculos del animal se paralicen.

reconocen que algo anda mal con tu mascota cuando presenta los siguientes sintomas: sed extrema, jadeos, mucha energía, diarrea, temblores y convulsiones. Ten en cuenta que las señales pueden tardar en aparecer.

Si crees que tu perro está envenenado debes llevarlo inmediatamente al veterinario, ya que no es recomendable automedicarlo.

te dare una breve lista de los alimentos que tu mascota no debe inguerir:

Tomar Leche.

Nuestros amigos Los perros como los humanos, pueden tener intolerancia a la lactosa, podríamos decir sin equivocarnos que la mayoría de los perros son intolerantes a la lactosa. la intolerancia a la lactosa puede causar diarrea, vómitos y otros problemas gastrointestinales. Aunque no letal, la leche puede contribuir a enfermedades futuras, calculos renales insuficiencia renal entre otras, por eso tampoco recomendaria la leche de vaca y de ningun otro animal en la dieta de tu mascota.

Comer derivados de la leche Queso y sus derivados , natilla mantequilla,

al igual que la leche, sus derivados también están prohibidos en la dieta de los perros, pueden causar malestar gastrointestinal o en algunos casos incluso pancreatitis.

 Comer Cebolla, aji picantes y dulces .

el aji picante y dulce, al igual que La cebolla contiene tiosulfato, que puede causar que los perros desarrollen anemia, perjudicando en gran manera el higado del animal. La cebolla puede tambien deteriorar los glóbulos rojos y blancos de la sangre de los perros, dejando a los animales anemicos y en cazsos en que el animal tenga otra enfermedad la muerte del mismo.

Ingerir Ajos.

Nunca le des comida con especias a tu perro. Al igual que la cebolla, el ajo puede destruir los glóculos rojos de la sangre del animal, por la sustancia activa del ajo , tambien puede elevar o bajar la tension arterial del animal, si al animal se le sube la tension arterial es proponso a males renales como la insuficiencia renal y la muerte.

Comer Uvas.

Las uvas pueden ser muy tóxicas para los perros, recordemos que al fermentarlas producen encimas y alcohol que es letal para tu mascota , y entre otras cosa tambien por la mismas semillas que pueden ahogar y cortar la respiracion de tu amigo de 4 patas .

el Aguacate.

contiene la tóxica llamada Persina, cuyos efectos son : Los efectos causados son problemas gastrointestinales, dificultad respiratoria y moco en el pecho del animal,

Comerse El corazón de las manzanas.

La mayoría de la gente no se come el corazón de las manzanas, así que en un descuido, el perro se lo puede comer. Las pepitas de la manzana contienen cianuro, una sustancia tóxica para los animales. Algunos de los síntomas debido a la ingestión puede haber dificultad para respirar, convulsiones, hiperventilación, shock e incluso coma.

Masas fermentadas y panes en todas sus presentaciones.

Mantén a tu perro lejos de cualquier tipo de masa que tenga levadura. Esta levadura se convertirá en tóxico en su estómago. Además de la toxicidad del alcohol producido en el estómago, la levadura puede expandirse dentro del estómago y en los intestinos producirse una gran cantidad de gases nocivos para el sistema digestivo. Esto le causará problemas gastrointestinales, vómitos, malestar abdominal y letargo. Está prohibido comer pan en cualquiera de sus presentacionesEl Café.

el cafe y todas las gaseosas a base o no de cafeina estan prohibidas para los perros

Comer frutos como las Nueces de macadamia.

todos los frutos secos producen o dan lugar a vómitos, dolor muscular, hinchazón de las articulaciones y debilidad general. Los perros que han comido macadamias pueden experimentar hipotermia, mareos, problemas de coordinación, temblores y fiebre alta.

Ingerir Xilitol.

El xilitol es un edulcorante utilizado en los chicles y caramelos sin azúcar, añadido a los productos horneados sin azúcar. Los productos que contienen xilitol están prohibidos para los perros. Los síntomas de intoxicación por xilitol incluyen vómitos, letargo, pérdida de coordinación, comportamiento errático, desorientación y convulsiones. Comer dulces, chicles o alimentos horneados hechos con xilitol puede causar una severa caída en los niveles de azúcar en sangre, lo que resulta en insuficiencia hepática.

Alimentos con mohon o en descomposicion.

Los perros instintivamente son atraídos a la basura cada vez que sus dueños se despistan en los paseos, pero esto puede ser muy peligroso si hay comida en mal estado o mohosa por allí, popr eso es importante mantener la basura tapada siempre.

Dar comidas con Sal.

Abstenerse de dar comida a su perro con alto contenido en sal. El exceso de sal puede ser muy peligroso para su salud y puede incluir convulsiones y vómitos.

Alcohol o bebidas alcohólicas.

Nadie conscientemente va a dar a su perro alcohol, vinos cervezas y cualquier sustencia que sea a base de alcohol. el etanol y el lupulos es dañino para el perro.

Huevos crudos.
Los huevos crudos pueden causar intoxicación por Salmonella en las personas y en los perros, por lo que no hay ninguna razón para dárselos a su cachorro.

Helados.

Cómo nos puede suceder a nosotros, incluso nuestros perros pueden sufrir intolerancia a la lactosa. Pero, incluso si tu perro no tiene este problema, no es una buena idea ofrecer un poco de helado para probar porque él podría no negarse. Además el helado contiene mucho azúcar y puede contribuir al exceso de peso de tu amigo de cuatro patas, causando diabetes.

Azúcar y dulces tortas etc.

 Un perro en estado salvaje, nunca comería dulces. Los posibles riesgos se relacionan con la aparición de caries, diabetes y aumento de peso.

Pequeños huesos.

Los perros siempre están dispuestos a roer un hueso, pero presta especial atención a los huesos pequeños. Los huesos más pequeños, de hecho, pueden causar problemas respiratorios y digestivos.

Almendras.

Aunque son los alimentos con menos consecuencias negativas para su salud, no se recomienda darle de comer almendras a los perros. Su sistema digestivo no soporta las almendras ni similares, por sus toxinas y componentes.

Granada por sus semillas.

Todas las frutas con semillas es mejor que no se las demos de comer a nuestros amigos, ellos no lo entienden pero te lo agradecerían mucho el que les salves la vida.

Siempre Lázaro comió lo mismo y en el mismo lugar así no hacia
desastres con la comida y no tenía que buscar comida en otro lado

CAPITULO XII

FRUSTACIONES DE LAZARO

Todo amiguito de 4 patas se frustra cuando quiere salir a pasear y tú no puedes salir por eso es importante que adiestres desde los primeros meses, como yo lo hice primero crea un protocolo de salida el no debe estar alerta ni ansioso por salir deja que se relaje primero y se calme el entenderá que solo en estado de relajación podrá salir, esto al principio le causara una enorme frustración a tu amigo pero solo será al principio cuando el se de cuenta de todo ya no la sentirá , ni tampoco la ansiedad.

Coloca la correa en un lugar visible si salen con una correa, enséñale a ir a buscarla con premios cuando lo haga bien de esta manera, se hará mucho más listo.

Lo importante es crearle retos mentales a tu mascota para que no se sienta frustrada y sienta que todo es parte de la diversión de un juego

Entrena el que tu perro camine detrás de ti cuando paseen juntos. Para eso tienes que ofrecerle cosas de valor, como por ejemplo comida, cada vez que esté detrás de ti, recuerda que eres el macho alpha. Esto puedes practicarlo en algunos momentos del paseo.

Trabaja la atención y el foco de tu perro en ti durante el paseo. Lleva siempre premios de comida y captura el que tu perro te mire incluso habiendo distracciones, que te preste toda la atención y se olvide del mundo a su alrededor.

Practica con tu perro el que se siente de vez en cuando durante el paseo o antes de que alguien la salude, esto sorprenderá mucho a todos y el nivel de educación de tu perro.

Tendrás que empezar a entrenar en esto a bastante distancia de esos estímulos e irla reduciendo un poco cada día, haciendo más grande el nivel de concentración de tu amigo en lo que están practicando, no te frustres si tu amigo se canse muy rápido trata de hacer que el entrenamiento sea divertido porque en el momento que lo perciba como repetitivo y monótono se te va a sentar y ya con eso te dirá que no quiere seguir con eso y tendrás que empezar de nuevo.

Entrena con tu perro una señal que le indique "puedes ir a saludar". Es fácil, solo tienes que decírselo siempre antes del encuentro con personas y perros, pronto tu perro lo asociará, cuando termine esta practica siempre recompénsalo con comida asociara rápidamente cualquier instrucción que le des con premios.
Procura que los premios sean de excelente calidad y sean sus favoritos así el éxito está más que garantizado.

Practica todos los ejercicios, sobre todo los del saludo ya a perros o personas, primero con conocidos antes de intentarlo en un ambiente real con desconocidos. Tu perro estará más excitado y sus probabilidades de acertar serán menores, dale la confianza suficiente a tu perro que todo saldrá muy bien.

CAPITULO XIII

*JUEGOS QUE DEBERIAN PRACTICAR
JUNTOS Y RECOMENDACIONES*

Un perro con la mente activa es más feliz. Estimular la inteligencia del can, además, es un modo de evitar el aburrimiento, la ansiedad y el estrés y, de esta forma, conductas indeseadas, como destrozos en casa, ladridos excesivos o animales demasiado dependientes. Activar su mente a través de juegos que propongan retos es una forma de lograrlo. A continuación se explican una gran cantidad de juegos y recomendaciones que yo aprendí a aplicar a mi amigo Lázaro y no es más que los, juegos caseros para trabajar la inteligencia: el juego del escondite, agárrame si puedes; un, dos, tres; ¿qué hueles?, el pájaro en la ventana; cinco minutos de música clásica y relajante; el juego de la caja; te presento a mi nuevo amigo; la captura del disco volador; entre otros que les dejare aquí.

Los juegos para perros son una herramienta para estimular la inteligencia y evitar el aburrimiento, igual que les sucede a las personas, muchos perros necesitan tener la mente ocupada. Por este motivo, los paseos y las relaciones sociales con otros animales y personas son esenciales para evitar el aburrimiento del can y prevenir problemas de conducta más o menos graves (destrozos en el hogar, perros celosos, ansiedad, etc.). Encontrar la forma de estimular su cerebro del perro es un modo, además, de lograr que sea un animal más feliz. Y el juego con el perro resulta una herramienta útil para ejercitar su inteligencia

escondite

escondete y dejale pistas a tu mascota y luego recompensala cuando te encuentre, utiliza paños ropa usada y cajas en este juego.

garrame

haz como una especie de señuelo para que el lo perciga y a veces deja que lo atrape asi no se sentira frustrado.

 huelo u olfatear las cosas.

Jugar con el can a diferenciar olores sirve para trabajar su mente. El perro tiene un extraordinario sentido del olfato, ponlo a trabajar

 buen comienzo para adiestrar a tu perro en labores de búsqueda y rescate.

El perro, para el perro, será un divertido entretenimiento, que le ayudará a sentirse menos solo.

cinco minutos de musica clasica para perros

Los sonidos proporcionan sensaciones al can y son un recurso para tranquilizar a un cachorro ansioso. colocale musica clasica.

 Acostarse en el suelo.

Enseñar al perro instrucciones, como sentarse, tumbarse o dar la pata, es otro modo de mantener activa la mente del animal. Hay clases y profesionales dedicados a la enseñanza canina, pero algunos trucos caseros de obediencia también pueden ayudar y sirven para desarrollar su capacidad de relación. Estas sesiones de entrenamiento obligan al perro a activar su cerebro.

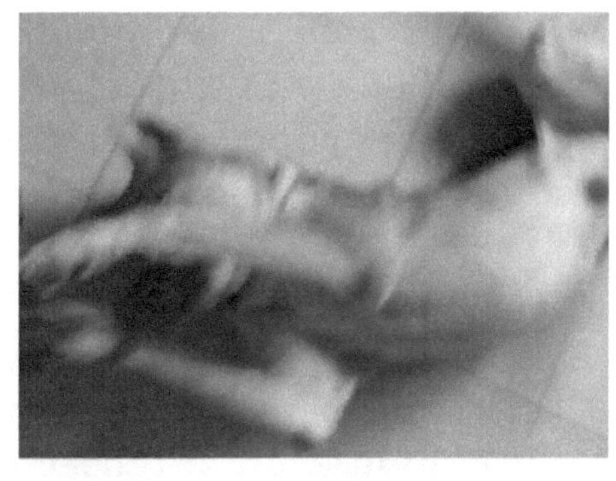

Utilizar alguna otra herramienta complementaria, como un sonido asociado (usado en educación canina) pero este instrumento lo puedes cambiar por una sonido clave, colabora con el aprendizaje y facilita que el can siga la dinámica del juego, aunque no es necesario. Una vez que el perro haya aprendido a sentarse, se pueden incorporar las nuevas pautas adquiridas. Aumentar la complejidad es un modo de estimular su mente, este juego le encantaba a lázaro a él le gustaba mucho que le hicieran cosquillas en la panza.

socializacion con nuevos amigos presentale a nuevos amigo, cuando presente a tu mascota con otra deje o haga que el otro perro agarrado por su dueño olfatee primero la cola de su perro y luego ud haga lo mismo ellos se presentan de esa manera.

la captura del disco volador

El lanzamiento del frisbee, o disco volador, resulta especial para ellos.

Enseña a tu perro los nombres de sus juguetes.

Con tiempo y práctica tu perro terminará asociando esa palabra a ese objeto, el identificara sus juguetes, lo mismo para recogerlos.

Hazle "trabajar" un poco por la comida.

has que cuando vayan a caminar juntos lleve el agua de los dos en una mochila. Nos gusta dar a los perros muchas comodidades: una cama confortable, mucha atención, comida siempre disponible, etc. Pero dependiendo del perro y de la raza, como ya hemos comentado, muchos necesitan tener actividad ya que están predispuestos al trabajo.

Juega a juegos de coger.

Podemos realizar juegos dentro de casa fácilmente, pero quizá haya limitaciones a tener en cuenta como por ejemplo si vives en un piso de 30 metros cuadrados y tienes un perro de 45 kilos. Las zonas de escaleras o salas de estar son las mejores opciones para jugar tranquilamente con una pelota, ya sea dejándola caer o escondiéndola en algún rincón para que el perro la encuentre y la traiga. Precaución si hay objetos frágiles por la sala, eso sí.

Juega a llamar a tu perro.

Sí, puedes trabajar la llamada de forma divertida y dentro de casa. Entre dos personas es muy sencillo: cada persona permanecerá o se sentará en un rincón de una habitación o en un extremo de un pasillo (las distancias dependerán de dónde vivamos y el tamaño del perro). Lázaro siempre estuvo alerta cada vez que lo llamaba.

hazle o burbujas
Para algunos perros las pompas resulta algo fascinante. Si tienes uno, genial, si no es el caso, no te preocupes, esto tambien lo puedes hacer con champu de bebe ya que no es toxico.

Haz una fiesta de perros.

Seguro que tu perro tiene una buena panda de amigos, ¿por qué no invitarlos para jugar un rato? Es un placer verlos jugar entre ellos. Además esto te asegurará un perro muy feliz y cansado al final del día. Está claro que no es lo mismo un grupo de poodels mini toys que un grupo se mastines hay que relativizar con esto. Pero si tienes varios perros similares que pueden entretenerse juntos, para ellos será muy enriquecedor.

Desempolva esos viejos truquitos.

Al igual que nosotros, los perros necesitan un recordatorio de vez en cuando de todas aquellas cosas que les has enseñado pero 25 Enseña al perro la habilidad de "vete a algún sitio específico."

¿Sabría tu perro ir a su cama si se lo pides? No es algo complicado y además es bastante útil si tienes invitados en casa, por ejemplo. Incluso puedes trabajar el ejercicio mientras haces la comida y ofrecerle siempre estar en el mismo punto. Esto último puede llegar a convertirse en un hábito para él y en algo muy cómodo para ti. Todos sabemos lo que es cocinar con un perro en la cocina: se tumban justo bajo las hornillas (con el riesgo que tiene para ellos), tenemos que andar con mil ojos para no pisarles, saltan sobre cualquier cosa que se nos caiga al suelo y qué me dices de ese pelo que encontramos de vez en cuando en nuestro plato.

Enseña a tu perro a llevar su propia correa.

Puedes enseñar al perro a traer su propia correa para salir de paseo, así en lugar de estar nervioso en la puerta mientras te preparas le das una distracción. También aprenden a llevar la correa mientras la llevan puesta, lo cual es bastante gracioso.

Enseña al perro a encender y apagar una luz.

Como actividad está muy bien y además tiene el añadido de la utilidad, ya que podrás pedir a tu perro que encienda la luz cuando se te hace de noche y sigues sentado a la mesa (sí, o tirado en el sofá).

Para empezar a trabajar lo ideal es tener trabajado un buen "toca" del perro, algo fácil de enseñar con un sonido clave y pidiendo al perro que toque nuestra mano. Después lo podemos trasladar a cualquier objeto para que "toque", en el caso de un interruptor, hasta que suene y encienda o apague. Si tienes un perro pequeño y te apetece, puedes habilitar algunos objetos a modo de escalera o rampa para que pueda hacer esto.

Ojo, si quieres evitar alguna marca o mancha en la pared, olvídate de este truco ya que los perros van a apoyar sus patas para llegar al interruptor.

Realiza ejercicios de control de impulso, u autocontrol.

Los perros son en cierta manera como niños: quieren algo y lo quieren ya, ya sea su juguete, la comida, etc. Todos los ejercicios que tratan de fomentar ese "aguante" o control frente al impulso interno del perro es lo que llamamos "control de impulsos": desde enseñar a un cachorro a que no muerda las cosas hasta enseñar a un adulto la orden de "quieto".

Enseña a tu perro a pedir por favor.

Si tu perro es de los que se sube continuamente para pedirte cosas o directamente intenta robártelas de la mano, debes realizar este ejercicio.

CAPITULO XIV

*LA MUERTE DE MI FIEL Y
AMADO LAZARO.*

Lázaro venía padeciendo de problemas de salud desde hacía unos mese el tratamiento que le suministraba el doctor no era ya lo suficiente para que mi amigo, se sintiera mucho mejor y se recuperara, Lázaro padecía de un cáncer muy agresivo, de páncreas y ya cuando lo detectamos era muy difícil operarlo y aquí en mi país no hay veterinario que hagan esta operación así que decidimos luchar con él con la quimioterapia canina que es igual de mala que la humana tu mascota se descompensa mucho, los dos en ese tiempo sufrimos mucho yo sabía que por toda la condición en que se encontraba mi país lo iba a perder pero no me resignaba a eso y es que cuando se ha vivido con un ser tan especial como mi amigo lázaro el tiempo no parece seguir y todo parece que estará bien aunque el mundo se caiga a tu alrededor.

Nunca pensé en la Eutanasia porque no creo en eso el tiene el derecho de morirse cuando el así lo disponga y yo no tengo derecho de quitarle la vida aunque muchos piensen que es humanitario yo no lo pienso así entonces deberíamos de matar a todos los pacientes con cáncer del planeta para que no sufran, pues no estoy desacuerdo con eso.

El venia presentando mucho vomito y pérdida del apetito, Lázaro era un animalito que tenía un muy buen apetito a un enfermo de alergias y todo eso que padeció en el transcurso de su vida, luego de estos síntomas empezó a quedarse echado todo el día Salía una o dos veces al día cuando lázaro salía hasta 5 veces al día y eran paseos de hasta una hora de caminata con él.

La última semana de Lázaro fue bastante dura para los dos ya habíamos agotado el recurso de las quimioterapias caninas y ya no habia nada más que hacer solo un milagro que nunca ocurrió dormíamos juntos él en su cama y yo en el suelo pendiente de que estuviera bien, de que siguiera respirando.

Sus últimas horas comienza un lunes 11 de septiembre del año 2017 yo como todas las tarde decidí sacarlo a pasear para que caminara un poco e hiciera sus necesidades y que así pudiera estar tranquilo. Pero note que a las dos cuadras de mi cas ya no quiso seguir adelante y se sentó

y luego se acostó en el suelo, como pudo lo cargue y contacte al veterinario con la suerte que que habia salido de viaje de trabajo, por teléfono me dio algunas recomendaciones como que lo mantuviera cómodo y que si no quería salir a caminar lo dejara tranquilo que el mañana en la mañana lo vería a primera hora, trate de mantenerlo hidratado y no quiso tomar agua solo se recostó en el suelo ni siquiera quiso acostarse en su cama así que le improvise con unas de mis sabanas una camita

Así se veía Lázaro ya al final de su enfermedad

Esta era la cama que pude improvisar para su última noche conmigo esta fue su última foto

Ya entrada la madrugada a la 1 de la mañana del día 12 de septiembre Lázaro comienza a convulsionar el se habia levantado como presintiendo que ya er su hora de morir y se fue a morir a otro lado solo me desperté porque las convulsiones de el eran bastante violentas y el ruido que hacia me despertó , no sabia que hacer con el le trataba de sacar la lengua hacia afuera del hocico para que n se ahogara o se la tragara le empecé a dar respiración de boca a boca y a darle resucitación cardiaca con masajes pero nada resulto a la 1:35 de la madrugada Lázaro moría en mis brazos fue la peor experiencia que te pueda pasar en la vida que un ser amado se te muera en los brazos. Llore mucho tenía mucho tiempo que no lo hacía desde la muerte de mi padre y ahora lázaro se habia ido. Lo que me quedaba era buscar un sitio bonito donde darle sepultura aquí tampoco contamos con cementerios de mascotas, luego de un tiempo encontré un sitio donde se que reposaría y nada ni nadie lo molestaría y tendría mucha sombra lo sepulte a la sombra de un gran apamate mi hijo me ayudo con eso. Esta experiencia es una más de vida nacimos para morir pero cuando nos toca tan de cerca el dolor no se puede describir y más con un animalito que te era muy fiel, e inteligente espero que donde estén mis canes estén bien espero volverlos a encontrar en la eternidad y podernos reunir una vez más para seguir enseñándoles muchos más trucos...
Los recordare por siempre.

A mi amigo le gustaba mucho tomar el sol

EPÍLOGO

EPILOGO

Quisiera estar seguro que le resulto de mucha ayuda este material que hoy pongo en sus manos no fue más que el resumen de la vida de un hombre con sus mascotas más queridas y que sus vivencias sirvan para darle consuelo si está pasando por lo mismo que yo que es el luto

Espero haberle servido de algo en el trayecto que esta a lo mejor comenzando o quizás finalizando quien lo sabe, si este material le gusto por favor recomiéndelo a otros, que quizá entre sus más allegados amigos habrá alguien que necesite una palabra amiga de consuelo.

Rodina, Julieta, Lázaro, este no es el fin los llevare en mi corazon siempre.

Gracias.

ACERCA DEL AUTOR

Juan Carlos Celta Torres

ingeniero y cientifico, tambien estudioso de la naturaleza y de las conductas de los animales, graduado con honores de la Universidad Politecnico Santiago Mariño

LIBROS DE ESTE AUTOR

Crímenes Y Misterios En La Gran Ciudad

una novela policial de misterio

Los Dioses Están De Regreso : Lo Que La Humanidad Desconoce

un libro sobre ciencia y tecnologia y ovnis.

Crímenes Y Misterios En La Gran Ciudad

novela de investigaciones del FBI

Los Dioses Están De Regreso: Lo Que La Humanidad Desconoce

descripcion de sucesos reales y relatos de ovnis con documentos desclasificados

www.ingramcontent.com/pod-product-compliance
Lightning Source LLC
Chambersburg PA
CBHW061444160726
47995CB00003B/1032

* 9 7 9 8 6 5 0 2 9 1 9 1 6 *